LN27

41478

17ᵉ Dîner

DE LA

CONFÉRENCE « SCIENTIA »

Offert à M. J. JANSSEN, de l'Institut

le jeudi 24 décembre 1891

DISCOURS PRONONCÉS — LISTE DES ADHÉRENTS

PARIS

G. MASSON, ÉDITEUR

1892

17ᴱ DINER

DE LA

CONFÉRENCE « SCIENTIA »

CONFÉRENCE « SCIENTIA »

FONDÉE EN 1884

1er Dîner   Président d'honneur : M. CHEVREUL, Membre de l'Institut.
—   Président : M. JAMIN, Membre de l'Institut.

2e Dîner   Président d'honneur : M. PASTEUR, Membre de l'Institut.
—   Président : M. Charles RICHET.

3e Dîner   Président d'honneur : M. Ferdinand de LESSEPS, Membre de l'Institut.
—   Président : M. Léon SAY, Membre de l'Institut.

4e Dîner   Président d'honneur : M. Le Général de NANSOUTY.
—   Président : M. Gaston TISSANDIER.

5e Dîner   Président d'honneur : M. BERTHELOT, Membre de l'Institut.
—   Président : M. RENAN, Membre de l'Institut.

6e Dîner   Président d'honneur : M. P. Savorgnan de BRAZZA.
—   Président : M. JANSSEN, Membre de l'Institut.

7e Dîner   Président d'honneur : M. A. RICHET, Membre de l'Institut.
—   Président : M. VERNEUIL, M. de l'Académie de médecine.

8e Dîner   Président d'honneur : M. PASTEUR, Membre de l'Institut.
—   Président : M. l'Amiral JURIEN de la GRAVIÈRE, Membre de l'Institut.

9e Dîner   Président d'honneur : M. DAUBRÉE, Membre de l'Institut.
—   Président : M. FRIEDEL, Membre de l'Institut.

10e Dîner   Président d'honneur : M. Le Général PERRIER, Membre de l'Institut.
—   Président : M. R. BISCHOFFSHEIM.

11e Dîner   Président d'honneur : M. Georges BERGER.
—   Président : M. C.-M. GARIEL, M. de l'Académie de médecine.

12e Dîner   Président d'honneur : M. Jules SIMON, Membre de l'Institut.
—   Président : M. U. TRÉLAT, M. de l'Académie de médecine.

13e Dîner   Président d'honneur : M. G. EIFFEL, ingénieur.
—   Président : M. JANSSEN, Membre de l'Institut.

14e Dîner   Président d'honneur : M. Fr. DARWIN.
—   Président : M. E. MAREY, Membre de l'Institut.

15e Dîner   Président d'honneur : M. DE LACAZE-DUTHIERS, Membre de l'Institut.
—   Président : M. Charles RICHET.

16e Dîner   Président d'honneur : M. DE QUATREFAGES, Membre de l'Institut.
—   Président : M. Gaston TISSANDIER.

De la part de Mr J. Janssen

17ᵉ Dîner

DE LA

CONFÉRENCE « SCIENTIA »

Offert à M. J. JANSSEN, de l'Institut

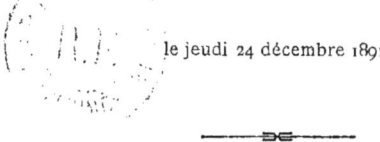 le jeudi 24 décembre 1891

DISCOURS PRONONCÉS — LISTE DES ADHÉRENTS

PARIS

G. MASSON, ÉDITEUR

1892

17ᴇ DINER

DE LA

CONFÉRENCE « SCIENTIA »

Jeudi 24 *décembre* 1891

DISCOURS DE M. Gaston TISSANDIER

Mon cher maitre,

Mes collègues, en me confiant le soin de vous porter un toast, m'ont donné une tâche semée d'obstacles ; ce n'est pas en quelques paroles que l'on peut résumer les résultats de quarante années d'un labeur ininterrompu, l'histoire de vingt missions dans tous les pays, sous toutes les latitudes, et l'importance d'une multitude de découvertes, dont quelques-unes absolument éclatantes.

Il faut sans cesse courir à travers le monde pour vous suivre dans vos travaux. Dès les débuts de votre belle carrière, en 1857, vous êtes chargé d'une mission en Amérique pour la détermination de l'Équateur magnétique.

En 1862, on vous trouve à Rome, à l'Observatoire du Collège romain. En analysant la lumière d'α Orion, vous y avez reconnu le sodium : c'est la première fois qu'un métal a été trouvé dans une étoile.

En 1866, installé à Paris, à l'usine à gaz de la Villette, où l'on avait pu mettre à votre disposition le matériel de tuyaux nécessaires pour vos études spectrales, vous découvrez le spectre de la vapeur d'eau qui est la base de l'analyse planétaire. C'est cette méthode qui a permis de reconnaître la vapeur d'eau dans l'atmosphère de Mars.

En 1866, à Guntoor, au centre de l'Inde, vous découvrez, en même temps que la nature des protubérances solaires, une méthode pour les étudier en tout temps.

En 1870, le 22 décembre, il allait y avoir une éclipse à observer en Algérie; les Anglais préparaient une mission, il fallait pour notre honneur scientifique que la France fût représentée; mais Paris était investi. Les astronomes anglais se proposaient bien de demander à l'état-major allemand un sauf-conduit à votre usage, mais il vous semblait indigne de votre mission de rien devoir à un ennemi qui se montra toujours implacable et sans générosité, et l'on put bientôt vous voir passer les lignes d'investissement en ballon, avec quatre caisses d'instruments dans la nacelle du *Volta*, ayant comme compagnon un brave marin, auquel vous aviez à donner au-dessus des nuages des leçons d'aéronautique. C'est une belle action, mon cher maître.

En 1871, on vous retrouve encore en Asie, à Shoolor, pour l'éclipse de décembre; vous découvrez une nouvelle et dernière enveloppe gazeuse du Soleil, l'*atmosphère coronale*, au-dessus des protubérances.

En 1874, vous êtes au Japon pour le passage de Vénus, vous revenez par la Chine et par Siam pour observer une éclipse de soleil.

En 1876, vous fondez l'Observatoire de Meudon, où, pendant des années, l'exécution de vos grandes et admirables photographies solaires vous conduisent à la découverte du *réseau photosphérique*.

En 1883, vous vous rendez à la surface d'un îlot de corail perdu dans l'immensité de l'océan Pacifique, à la tête d'une mission chargée de l'observation de l'éclipse du 6 mai. Vous revenez par Tahiti et Hawaï. En passant devant les îles Sandwich, vous apercevez des fumées qui s'échappent du célèbre volcan Kilauéa, le plus vaste qui soit au monde : un tel phénomène ne pouvait passer inaperçu d'un observateur tel que vous.

M. Janssen, messieurs et chers confrères, va visiter le cratère du Kilauéa, gouffre géant qui n'a pas moins de 8 à 10 kilomètres de diamètre. Il veut y descendre pour en étudier la constitution, et, là, il découvre un autre petit cratère en éruption. L'explorateur, voulant observer les flots de lave qui crevaient à ses pieds et la nature des éruptions gazeuses qui se formaient sous ses yeux, eut le courage de passer là toute la nuit en observation.

Savez-vous ce qu'étaient devenus pendant ce temps les guides de M. Janssen? Ils l'avaient laissé tout seul au bord du cratère, parce qu'ils craignaient d'être asphyxiés par les torrents de gaz acide sulfureux que vomissait le gouffre; c'est seulement le lendemain matin qu'ils daignèrent aller chercher l'observateur.

Est-ce tout, messieurs ? Pas encore. L'année suivante, en 1884, nous retrouvons M. Janssen aux États-Unis; il a été choisi pour représenter la France à Washington au Congrès du méridien et de l'heure universelle.

Voilà, messieurs et chers confrères, le savant qui a bien voulu s'asseoir à notre place d'honneur. Cette énumération succincte de ses travaux, si incomplète qu'elle soit, suffit pour montrer qu'il y a en lui, tout à la fois, le philosophe doublé de l'astronome et du naturaliste, l'explorateur toujours en quête de découvertes nouvelles et le patriote qui n'oublie jamais d'unir ensemble ces deux drapeaux : celui de la science et celui de son pays.

Aujourd'hui, M. Janssen, non content de ses victoires passées, entreprend encore d'autres campagnes. On le voit s'élancer au sommet du Mont-Blanc pour y fonder l'Observatoire le plus élevé du monde. Son ambition est de couronner la conquête scientifique du géant des Alpes et de compléter cette œuvre pleine de périls qui compte tant d'efforts d'énergie et de dévouement, depuis Jacques Balmat et de Saussure jusqu'à notre sympathique confrère M. Vallot.

Mon cher maître, il semblerait que la surface terrestre n'est pas assez grande pour votre ardeur; vous aspirez sans cesse au plus loin, et surtout au plus haut. Vous êtes l'homme des hautes cimes, et quand vous arrivez au sommet des montagnes, vous voulez monter plus haut encore. Par la pensée, vous vous élevez jusque dans le ciel; armé de votre spectroscope, vous analysez le rayon des astres et vous dévoilez quelques-uns des mystères de la constitution des mondes.

DISCOURS DE M. JANSSEN

Mon cher président,
Messieurs,

Je suis extrêmement fier de l'honneur que la *Scientia* veut bien me faire aujourd'hui, et je suis particulièrement touché de ce qu'elle vous a choisi pour m'adresser la parole en son nom. Elle a compris qu'en empruntant la voix de l'amitié pour être son organe, elle doublait pour moi le prix de l'honneur qu'elle me décernait. Vous avez dépassé son attente, et la bienveillance avec laquelle vous avez rappelé mes travaux, si elle m'a été au cœur, ne m'aveugle pas sur la part trop grande que je dois à votre vive et constante amitié. Ce que je veux retenir de vos paroles, c'est seulement ce que vous accepteriez pour vous-même, s'il était question de vos travaux : c'est-à-dire un dévouement complet pour la science, un amour sans limites pour la France.

Oui, mon cher président, la France connaît votre patriotisme, et quand tout à l'heure vous vouliez bien rappeler cette sortie du *Volta* pendant le siège, tout le monde ici vous a répondu par la part si grande, si belle, si patriotique que vous et votre frère avez prise à la défense nationale. Vos sorties de Paris assiégé, vos efforts réitérés pour y rentrer par la voie des airs, vos services à l'armée de la Loire, étaient si appréciés de l'héroïque soldat qui luttait encore pour sauver l'honneur de la France, qu'il vous avait voué une amitié dont la source était sûrement une haute estime pour votre science et une vive admiration pour votre patriotique dévouement.

Plus tard, vous avez réalisé une des premières et des plus importantes contributions au grand problème de la direction des ballons par votre emploi de l'électricité comme agent moteur de l'appareil aérien, et vous avez prouvé l'efficacité de vos ingénieuses dispositions par un voyage dont les résultats n'ont peut-être pas été assez remarqués.

Si j'avais à rappeler tous vos titres à la reconnaissance de la science aéronautique, je devrais parler encore de cette ascension célèbre vers les hautes régions de notre atmosphère, ascension qui s'est terminée d'une manière si tragique et où vous avez été si miraculeusement épargné. Plus tard, n'en doutons pas, la science pourra conjurer les terribles dangers de ces hautes ascensions qui n'ont pas fait reculer votre héroïsme.

Quand ce grand problème aura été résolu, quand on saura se servir de ces hautes régions pour éclairer d'importantes parties de la physique du globe et de celle de l'atmosphère, on n'oubliera pas que c'est vous qui en avez montré la route.

Mais je m'arrête, ne voulant pas renverser les rôles et oublier qu'aujourd'hui je suis votre hôte et que vous me faites les honneurs de la maison.

Cette maison, mon cher président, donne une hospitalité justement enviée, et j'ai répété souvent que ces réunions de la *Scientia* avaient une très heureuse influence scientifique et morale, et qu'on ne saurait assez louer et remercier les fondateurs de leur excellente idée et des soins donnés à sa réalisation et à sa continuation.

En effet, quelle plus douce récompense, quelle manifestation allant plus au cœur d'un homme d'études, que ces marques de sympathie et d'estime données par nos pairs, par ceux qui suivent la même carrière, se livrent aux mêmes travaux, connaissent les mêmes joies et les mêmes amertumes, et sont dès lors les juges les plus autorisés et les plus irrécusables pour apprécier nos travaux et les actes de notre vie. Ces suffrages-là, messieurs, sont les plus incontestables, et dans une réputation, dans une renommée, ils forment la partie la plus solide et la plus durable.

C'est une monnaie qui, si elle n'est pas formée d'un métal brillant et retentissant, n'en est que plus rare et précieuse. Aussi, messieurs, je me persuade que, après notre mort, quand il s'agira de traverser le fleuve d'oubli et de fléchir le nautonnier qui tient la barque conduisant aux rives du pays de mémoire, c'est avec cette monnaie-là seule qu'on obtiendra le passage.

Mais il y a plus, messieurs, je dis que si ces réunions constituent une récompense enviée pour ceux qui en sont l'objet, elles sont non moins utiles par les exemples qu'elles offrent et les enseignements qui en résultent.

Chacun des hommes que vous avez honorés ici a donné une leçon morale et un exemple particulier à notre jeunesse savante. Il suffit de parcourir la liste de vos élus pour s'en convaincre.

Tout d'abord, avec le vénérable Chevreul, ne voyons-nous pas combien une vie si longue, mais tout entière consacrée à la science, s'est honorée et a gagné en véritable grandeur, en prenant la science pour but unique et dédaignant tout le reste.

Le grand Pasteur ne nous montre-t-il pas que le génie lui-même a besoin d'être soutenu par une méthode de travail exigeante et sévère, qui ne permet pas de s'arrêter aux premiers résultats, mais qui oblige à se faire à soi-même les plus incessantes objections, et à poursuivre les travaux et les expériences jusqu'à ce que la vérité éclate aux yeux, sans doute possible.

Voilà la méthode que M. Pasteur offre en exemple à tous ceux qui veulent donner d'inébranlables fondements à leurs travaux.

Aussi, aujourd'hui, ce maître peut-il déjà jouir du jugement de la postérité.

Ses découvertes font partie de la science même, elles reçoivent chaque jour leurs développements réguliers, et la révolution qu'elles contenaient s'accomplit sous nos yeux et dépasse par sa grandeur tout ce qu'on en pouvait espérer.

M. Léon Say nous montre à quelle grande situation on peut parvenir, et quels services on peut rendre à son pays quand on sait lui consacrer une haute intelligence, un savoir économique consommé, une grande fortune.

Avec M. de Lesseps, nous apprenons que les plus hautes fortunes peuvent avoir des retours cruels, mais nous pouvons espérer aussi que les voiles momentanés se dissiperont. Mais, quoi qu'il arrive, la postérité plus calme et plus juste n'oubliera pas Suez, et gardera au nom de Lesseps la reconnaissance qui lui est due.

Avec les généraux de Nansouty et Perrier, vous avez montré combien l'armée ajoute à la sympathie et à la reconnaissance que nous avons toujours pour elle, quand elle met son courage ou sa science au service d'œuvres scientifiques et nationales.

M. Bischoffsheim donne le bel et rare exemple d'un ami de la science lui consacrant presque entièrement une grande fortune et conquérant ainsi sa place dans la famille des savants.

Ç'a été une belle soirée que celle où M. Renan complimentait ici, en votre nom, M. Berthelot.

Deux grandes illustrations unies par l'amitié, deux gloires égales, mais de caractères bien différents. Une science aussi étendue que profonde revêt, chez l'un, les formes d'un langage plein de séductions et de charmes, chez l'autre, l'expression sévère de la logique des faits, rigoureusement observés : l'un en sondant les grands mystères et en nous montrant les faces diverses des problèmes de l'âme et de ses destinées, nous laisse dans le doute, mais c'est un doute transcendant et plein de charmes; l'autre nous enferme dans le cercle que la science peut éclairer de ses certitudes. Entre ces deux grands esprits, entre ces deux synthèses aussi différentes que les points de vue qui les ont engendrées, gardons-nous de prendre parti; et, sans les vouloir juger, jouissons de ces grandes manifestations du savoir et de la pensée humaine.

Messieurs, c'est moi que vous avez bien voulu charger de présider le dîner que vous offriez à M. Savorgnan de Brazza, dîner qui eut lieu le jour même de cette mémorable séance au Cirque d'Hiver, où, on peut le dire, la France acclamait les magnifiques succès du grand voyageur. Ces succès, qui nous valurent une contrée plus grande que la France, étaient dus, comme vous le savez, plus encore à l'esprit politique du voyageur, qu'à son admirable énergie, et c'est là la grande leçon que M. de Brazza a donnée aux explorateurs futurs. Aujourd'hui, le grand voyageur gouverne la contrée qu'il nous a ouverte, et c'est justice.

MM. Richet et Verneuil nous ont donné, avec l'exemple d'un grand talent professionnel éclairé par une haute science, de beaux travaux, de longs services rendus, celui non moins rare et touchant de deux célébrités suivant la même carrière et unis d'une sincère amitié; en sorte que vous avez pensé ne pouvoir être plus agréables à l'un d'eux, qu'en le chargeant de complimenter son ami et son doyen.

Pour rendre hommage à la géologie, vous avez choisi M. Daubrée, que de beaux travaux de synthèse et d'éminents et longs services ont placé à la tête de la géologie française.

Il avait le vif plaisir d'avoir en face de lui M. Friedel, son ancien élève, qui est devenu un grand chimiste, mais qui a toujours été grand par le cœur et la noblesse des sentiments.

M. de Lacaze-Duthiers nous montre combien un savant, quelle que soit l'importance de ses travaux et de ses découvertes, peut ajouter aux services rendus à la science par d'heureuses initiatives. Les magnifiques créations de laboratoires de zoologie sur les côtes de l'Océan et de la Méditerranée, seront, pour la science, la source de progrès dont il est impossible de mesurer l'importance, et, pour nos jeunes zoologistes, d'admirables instruments de travail.

Vous ne pouviez oublier notre grande Exposition de 1889, qui a jeté tant d'éclat; et, pour la représenter, vous avez choisi M. Berger, son habile et infatigable organisateur. C'est encore à l'occasion de cette mémorable Exposition que vous avez voulu donner un témoignage de reconnaissance à celui qui avait contribué, peut-être plus que tout autre, à l'illustrer.

C'est moi qui ai eu l'honneur de féliciter en votre nom le grand ingénieur dont l'œuvre générale fait tant d'honneur au génie civil français.

Depuis, M. Eiffel a voulu que la science pure soit aussi sa débitrice. Les installations scientifiques à la Tour, les travaux de sondage au Mont-Blanc, sont dus à sa généreuse intervention, la science ne l'oubliera pas.

M. Jules Simon a reçu aussi vos hommages. La *Scientia* pouvait venir après tant d'autres lui témoigner son admiration et ses respects. Elle s'honorait elle-même. Et puisque nous parlons d'exemples à donner, la *Scientia* ne pouvait en offrir un plus éloquent et un plus considérable à notre jeunesse savante.

Le nom de Darwin a reçu aussi les honneurs de la *Scientia*. Ce nom rappelle une des plus hardies solutions du grand problème de la genèse et de la succession des êtres à la surface de notre globe. Mais, quelle que soit l'opinion qu'on porte sur la solution proposée, on ne peut s'empêcher d'admirer la science profonde, la bonne foi et la sincérité qui ont toujours présidé chez le grand naturaliste à l'exposé de ses doctrines et à ses discussions avec ses adversaires. C'est encore là un enseignement.

Votre dernier hommage à été offert à M. de Quatrefages. La belle et longue carrière de ce grand naturaliste nous offre encore plus d'un bel enseignement.

Nous savons tous ce que le nom de Quatrefages éveille d'idées de science étendue et de profonde sagacité, de hauteur philosophique dans les jugements des questions et des systèmes. Nous savons aussi quels modèles de bienveillance et de courtoisie il nous offre. Mais il est encore un point qu'il faut mettre en évidence, c'est le salutaire exemple qu'il donne à nos jeunes savants en leur montrant combien de fortes études littéraires et une instruction scientifique très solide et très étendue sont nécessaires à celui qui veut devenir un savant dans la haute acception que ce mot devrait toujours comporter.

Voilà les grands exemples et les salutaires excitations que donne la *Scientia*. Avais-je tort de dire que ses promoteurs sont créanciers de la science?

Je bois à la *Scientia*, je bois à ceux qui m'ont précédé à cette place; je bois surtout à ceux qui m'y suivront, où beaucoup ici sont déjà dignes de s'asseoir et que, pour ma part, je serai si heureux de fêter à mon tour.

LISTE DES CONVIVES

PAR ORDRE ALPHABÉTIQUE

MM.
ABADIE.
Lieutenant-colonel BASSOT.
BÉRALDI.
Raphael BLANCHARD.
Prince Roland BONAPARTE.
Paul BOUCHEZ.
RÉHON.
Paul BUQUET.
CHAMBRELENT.
CHAUVEAU.
CORDIER.
EIFFEL.
Capitaine FOURTIER.
De GUERNE.
E. GUILLAUME.
JANSSEN.
JANSSEN, de l'Institut.
LAFFARGUE.
Colonel LAUSSEDAT.
LAUTH.
L'HOTE.

MM.
LOISEAU.
Dr LUYS.
Georges MASSON.
Pierre MASSON.
DU MESNIL.
Stanislas MEUNIER.
A. MOREAU.
L. OLIVIER.
J. POISSON.
POYET.
Dr POZZI.
Ch. RICHET.
E. RIVIÈRE.
Lieut.-col. de ROCHAS D'AIGLUN
Alfred TISSANDIER.
Albert TISSANDIER.
Gaston TISSANDIER.
Dr TOPINARD.
J. VALLOT.
M. VENUKOFF.
Léon VIDAL.

LISTE DES MEMBRES

QUI SE SONT EXCUSÉS

MM.
BARTHOLDI.
H. BECQUEREL de l'Institut.
BEMONT.
Dr P. BERGER.
R. BISCHOFFSHEIM de l'Institut.
CHAMBRELENT de l'Institut.
P.-P. DEHÉRAIN de l'Institut.
DUBUISSON.
Commandant ESPITALLIER.
FRIEDEL de l'Institut.
Ch. GARNIER.
GAUTHIER-VILLARS père et fils.
A. GERMAIN.
Alfred GRANDIDIER de l'Institut
F. HEIM.
HENRIVAUX.
Ed. HOSPITALIER.

MM.
Henri KRAFFT.
LÉAUTÉ de l'Institut.
LECOQ de BOISBAUDRAN de l'Institut.
LE DENTU.
Ch. De LESSEPS.
LIARD.
Eugène MANUEL.
Ed. MARTEL.
Achille MUNTZ.
Max de NANSOUTY.
Dr NICOLAS.
Henri de PARVILLE.
ROCHARD.
ROTY de l'Institut.
De SYENES.
SULLY PRUDHOMME de l'Inst.

23922. — Imprimerie Lahure, 9, rue de Fleurus, à Paris

24 242. — Paris. Imprimerie Lahure, rue de Fleurus, 9.